DÉBUT D'UNE SÉRIE DE DOCUMENTS
EN COULEUR

CHARLES **KRUMHOLTZ**

Agrégé de l'Université

Président de la Société des Alsaciens-Lorrains de Franche-Comté

La Vérité

sur les sentiments

des Alsaciens-Lorrains

OUVRAGE HONORÉ D'UNE SOUSCRIPTION
DU MINISTÈRE DES AFFAIRES ÉTRANGÈRES

BESANÇON

Imprimerie et Lithographie MILLOT Frères

1917

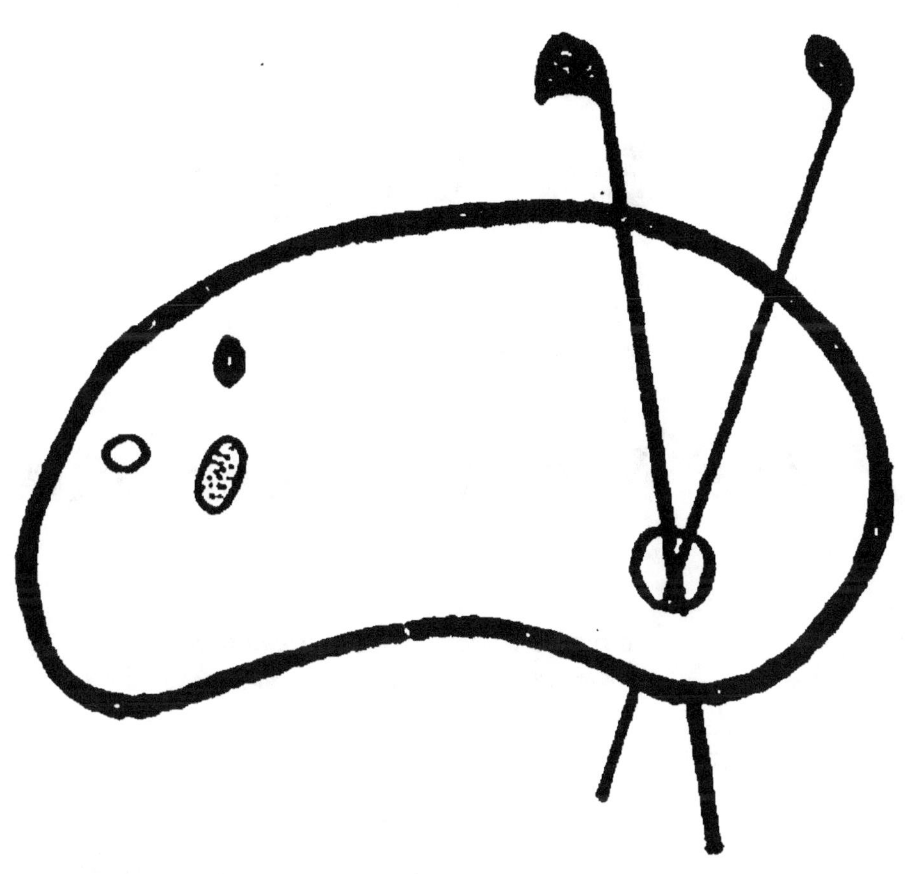

FIN D'UNE SERIE DE DOCUMENTS
EN COULEUR

ABBÉ KRUMHOLT

Agrégé de l'Université

Président de la Société des Alsaciens-Lorrains de Franche-Comté

✿ ✿ ✿

La Vérité

sur les sentiments

des Alsaciens-Lorrains

✿ ✿

OUVRAGE HONORÉ D'UNE SOUSCRIPTION
DU MINISTÈRE DES AFFAIRES ÉTRANGÈRES

BESANÇON

Imprimerie et Lithographie MILLOT Frères

✿

1917

« L'Allemagne aura voulu malgré nous, malgré les sentiments de tout notre peuple, malgré le sentiment même que les délégués de l'Alsace exprimaient en 1872, à Gambetta, lorsqu'ils affirmaient que, dans leur douleur, ce qui les soutenait, c'était l'image toujours présente à leurs yeux de la République, relevant les ruines de la patrie, et préparant la revanche du droit sur la force, — l'Allemagne aura voulu que la justice et le droit soient imposés par la force.

« Toutes ces pensées s'offraient à mon esprit lorsque j'assistais, il y a quelques jours, au côté du Président de la République, chez nos frères d'Alsace, à la joie délirante de ces populations recouvrant leur patrie. Ah ! comme nous reconnaissions là ceux au nom de qui parlait Keller, le 19 février 1871, à l'Assemblée Nationale, quand il affirmait, sous le joug même de l'envahisseur, leur inébranlable fidélité à la France, quand il prenait le monde à témoin qu'ils tenaient d'avance comme nuls et non avenus tous actes ou traités qui abandonneraient à l'étranger tout ou partie de ces provinces, et quand il proclamait à jamais inviolable, pour eux et pour leurs enfants, le droit des Alsaciens-Lorrains de rester Français.

« Vieux Alsaciens, jeunes enfants, nul n'avait oublié, les pères ayant élevé leurs fils et leurs filles dans le culte sacré du souvenir. Les vieux drapeaux, qui avaient échappé aux investigations allemandes, sortaient de leurs cachettes, les cocardes tricolores fleurissaient le costume national. Et, de quel cœur, avec quelle poignante émotion ils criaient à pleine voix : « Vive la France ! Nous sommes Français ! »

« Oui, Alsaciens-Lorrains, vous êtes Français, et allez retrouver pour toujours cette mère patrie dont vous avez été brutalement arrachés. Vos frères Français ont donné leur sang pour elle, mais ce sang sera la rançon de votre délivrance... »

(M. Malvy, ministre de l'Intérieur, discours prononcé
au Conseil général du Lot, août 1916).

AVANT - PROPOS

L'auteur de ce petit ouvrage est Alsacien ; il pense avoir quelque compétence pour parler des sentiments de ses compatriotes. Mais il est avant tout Français et, s'il croit devoir prendre la parole, c'est avec la conviction d'avoir d'utiles vérités à dire à ses concitoyens.

Si pénible qu'en soit l'aveu, il ne sert à rien de taire que d'injustes préjugés, de blessantes suspicions, dues en partie à l'ignorance, en partie aussi à une légitime inquiétude patriotique, font aux Alsaciens réfugiés en France une situation des plus pénibles. Faute de pouvoir s'en prendre à ces Allemands, qu'avant la guerre on recevait à bras ouverts et à portes ouvertes et qu'on a vus à l'œuvre depuis lors, on s'attaque à d'inoffensifs annexés parce qu'ils ont le grand tort de parler un patois qui rappelle l'allemand et qu'ils ont cet air emprunté et maladroit des déracinés de la misère. L'habituelle cohorte des gens « bien informés » et auxquels on n'en fait pas accroire s'est empressée de contribuer à cette méprise. Des fables ineptes ont surgi : interprétations erronées de fait réels, histoires inventées de toutes pièces, fantasmagories d'imaginations surexcitées par les événements.

La guerre explique bien des misères et les Alsaciens-Lorrains sont gens de trop de bon sens pour ne pas admettre la possibilité de certaines erreurs. Mais il est des blessures morales qui se cicatrisent avec peine. Évitons qu'elles se produisent. Prévenons les trop cruelles déceptions. Apprenons à comprendre! Et préparons dès maintenant l'œuvre délicate qu'au lendemain de la victoire nous devrons accomplir dans nos provinces reconquises.

L'auteur entend collaborer à cette œuvre par les pages suivantes, qu'inspire le seul désir de servir modestement mais utilement les intérêts de notre France. Il voudrait, après les avoir écrites, pouvoir se dire qu'il a convaincu tous les gens de bonne foi !

Les jeunes générations d'Alsace-Lorraine sont-elles germanisées ?

Allons droit à la principale question, puisqu'aussi bien beaucoup de nos compatriotes français sont tentés d'y répondre par l'affirmative. Non sans doute que cette réponse douloureuse leur fasse plaisir. Loin de là. Mais elle leur paraît de bonne logique.

Comment, disent-ils, en serait-il autrement ? Les vieux Alsaciens-Lorrains ont connu la France ; ils ont servi sous les plis de notre drapeau. Ils ont vécu avec nous les heures douloureuses de 1870. Ils ont souffert de toutes les horreurs de l'invasion allemande. Ils ont assisté, les poings serrés, les cœurs gonflés à l'entrée des vainqueurs arrogants, ils ont subi les mesures brutales des premières années après l'annexion.

Mais les jeunes ? Ils ont passé par l'école et la caserne allemandes, ils ont été pétris par le maître d'école et le sous-officier d'Outre-Rhin. On leur a enseigné l'histoire au point de vue allemand. Surtout et avant tout on les a impressionnés par la puissance de l'Allemagne, par son génie d'organisation, son industrie florissante, son administration ordonnée et son armée disciplinée. Les jeunes annexés n'ont pu que se laisser séduire par cette belle apparence et cela d'autant plus que nous avons fait souvent notre possible pour que la comparaison ne tourne pas à notre avantage.

Il est donc impossible que les jeunes générations de là-bas soient restées aussi françaises que leurs devancières. Elles ont été gagnées fatalement à l'Allemagne.

Plus d'un lecteur se demandera avec curiosité ce que je puis répondre à cette conclusion en apparence si logique.

Or, rien n'est plus erronné que cette conclusion.

En effet ! Conclure du fait que les jeunes générations d'Alsace-Lorraine peuvent être moins françaises que leurs devancières à ce qu'elles sont devenues allemandes, c'est se permettre un saut périlleux dans l'ordre de la pensée. Et c'est pourtant de là que nous vient tout le mal, c'est ce qui a faussé toutes les notions sur la question d'Alsace-Lorraine et c'est pourquoi bon nombre de nos pauvres frères de là-bas sont en lutte aux suspicions, aux antipathies, voire aux persécutions, dans notre France si généreuse, si accueillante, si chevaleresque.

On peut avoir cessé d'être Français, même de cœur, sans pour cela devenir Allemand. *On peut ne pas connaître la France et cependant avoir l'Allemagne et les Allemands en horreur.* C'est là, au point de vue pratique, le seul auquel il convient de se placer à l'heure actuelle, l'unique chose qui importe.

Or, quel est pour nous, en face du problème alsacien-lorrain, le point de vue pratique ?

Essayons un instant d'être « neutres » et jouons cartes sur table.

De trois choses l'une : ou la France sortira victorieuse de cette lutte, ou elle se trouvera acculée à une paix boiteuse, ou elle sera vaincue.

Dans les deux derniers cas, la question d'Alsace-Lorraine serait résolue par l'Allemagne. L'Alsace-Lorraine serait définitivement allemande. Les habitants n'auraient plus que la ressource de hurler avec les loups ou de s'en aller... planter leur tente ailleurs.

Inutile d'insister ! Nous ne sommes pas des neutres, nous connaissons les forces vitales de notre admirable pays et nous croyons en la victoire comme nous croyons au triomphe final de la justice. La France reprendra donc les provinces qui lui furent arrachées par la force en 1871, et l'Alsace-Lorraine aura vécu. Quelques nouveaux départements feront la France plus grande et plus forte.

Mais il faut que personne ne boude à la table familiale, qu'il n'y ait ni parent pauvre, ni Cendrillon ; il faut que l'Alsace et la Lorraine se sentent chez elles en France.

*
* *

Une question se pose donc :

Avons-nous le droit d'espérer que les Alsaciens-Lorrains, *tels qu'ils sont aujourd'hui*, seront demain de vrais et de bons Français ? Ou, si vous préférez : Les Alsaciens-Lorrains d'aujourd'hui sont-ils disposés de cœur et d'esprit à redevenir Français ?

Jugez plutôt !

On n'analyse pas en cinq minutes l'âme d'un peuple. Il ne suffit pas d'être né à Marseille, à Rouen ou à Dijon et d'avoir passé deux mois de vacances à Mulhouse ou à Strasbourg, pour se prononcer sur les sentiments des Alsaciens. Il ne suffit pas d'être né à Paris, d'être un journaliste rompu aux enquêtes délicates, de venir avec un calepin et un crayon à la main, interroger des gens qui ne veulent et ne peuvent dire ce qu'ils pensent.

Depuis 45 ans la maison d'Alsace-Lorraine ne prenait plus jour sur la rue. La « Kultur » régnait sur elle. On y craignait, et pour cause, tout ce qui venait du dehors.

La main gantée de blanc, qui frappait à la porte, pouvait cacher quelque vilaine patte de loup !

Quand bien même cette main était une main amie ! Les braves journalistes français qu'on recevait à bras ouverts, en présence desquels on laissait déborder librement le cœur, avaient trop hâte de raconter à leurs lecteurs la réconfortante nouvelle d'une Alsace toujours fidèle. Les lecteurs français en étaient émus, soupiraient un brin et n'y pensaient plus. L'émotion, différente sans doute, était plus forte à Berlin, et les effets en étaient désastreux pour notre petite province.

Toutes les enquêtes d'ailleurs ne nous étaient pas favorables. En veut-on la preuve ?

C'était à l'époque de la première alerte marocaine. Un journaliste parisien, collaborateur en renom d'un journal à gros tirage, partit pour l'Alsace et tendit l'oreille aux propos des rues et des tavernes. Il entra, à Strasbourg, au café Piton. Heureuse aubaine. A la table voisine de la sienne, quelques jeunes gens parlaient politique. L'un d'eux conclut une diatribe énergique contre « ces vilains Français » par ces mots : « Qu'ils » ne nous agacent pas trop avec leur Maroc, car *notre* » empereur pourrait bien les mettre à la raison ! » Notre homme de lettres en avait assez entendu, il savait maintenant ce que pensait la jeunesse *alsacienne !*

Oui ! Mais si notre journaliste avait connu tant soit peu les us et coutumes de la ville de Strasbourg, il aurait su que le café Piton était le lieu de rendez-vous des étudiants allemands et que la jeunesse alsacienne se réunissait à la Taverne alsacienne. La porte à côté ! Du reste si ces jeunes, qui parlaient de *notre* empereur eussent été du pays, ils auraient exprimé leurs idées en patois alsacien et M. X. n'y eût rien compris. A quoi tiennent les choses ! Les impondérables, dirait un philosophe.

Pour connaître et pour comprendre les Alsaciens-Lorrains, même là où leur façon de penser ou d'agir déconcerte, il faut être un peu du pays, il faut à tout le moins les avoir beaucoup pratiqués. Pourquoi tous nos compatriotes français ne se sont-ils pas contentés de répéter, après Maurice Barrès, cette phrase profondément juste, la seule qui fût de circonstance quand il s'agissait de l'Alsace : « Vous êtes, par notre faute, dans une situation déterminée et quelque chose qu'il vous plaise de faire pour l'alléger, nous n'avons pas à le discuter. Non, nous ne vous jugerons jamais ! Si nos yeux sont tournés vers vous, c'est simplement que nous vous aimons ! » *(Un discours à Metz.)*

Nous voici placés en plein centre du sujet : *Quoi qu'il vous plaise de faire pour l'alléger...* En somme, il ne s'agit pas de refaire une histoire cent fois répétée par d'excellents écrivains. Nous savons tous que c'est la France qui, le couteau sur la gorge c'est vrai, abandonna l'Alsace en 1871, que celle-ci protesta par un serment solennel que personne n'a oublié et *que personne n'a rétracté*. Nous savons aussi qu'il y eut un mouvement protestataire en Alsace qui dura de longues années. Ce mouvement, notre petite patrie eût été disposée à le continuer. Elle eût souffert volontiers les maux multiples et variés qu'entraînait sa protestation répétée : le régime des passeports, le paragraphe de dictature, la répression féroce des moindres délits, les ruines amoncelées dans toutes les circonscriptions fidèles. Mais il eût fallu que sa protestation eût un écho de l'autre côté des Vosges. Or, depuis bien des années déjà, la résignation semblait venue. La République hésitait devant les horreurs d'une nouvelle guerre. Nos visées militaires allaient aux colonies. L'alliance franco-russe en laquelle là-bas on mettait un grand espoir s'affirmait dès son origine pacifiste à outrance. Elle ne visait qu'à fonder une paix durable sur l'équilibre des forces européennes.

Par ailleurs, ce furent des savants, des artistes, des comédiens qui revenaient de Berlin enchantés de l'accueil aimable des Allemands et de leur empereur et qui ne tarissaient pas d'éloges sur tout ce qu'ils avaient vu et entendu. Cependant que chez nous on traitait de fou, et même de fou dangereux cet admirable Déroulède, qui resta jusqu'au dernier souffle fidèle au souvenir et dont la grande voix de flamme ne cessa de clamer dans le désert des appels au courage et au devoir.

La nécessité fit donc aux Alsaciens-Lorrains une loi de sauvegarder le mieux possible leurs intérêts dans le cadre de l'Empire allemand. *Vous entendez bien : leurs intérêts et non leurs sentiments,* leurs intérêts, individuels et collectifs. Il faut vivre, n'est-ce pas ? Il faut que le commerce et l'industrie prospèrent, que l'argent porte des intérêts, que la terre produise le pain quotidien. Il faut un minimum de bien-être et de liberté. Bon gré, malgré, il fallait *s'arranger pour cela* avec l'Allemagne. On a bien le droit de ne pas sympathiser avec son propriétaire, mais quand on désire vivre en paix dans un appartement bien entretenu, il faut s'entendre avec lui. On essaya donc de s'entendre avec les Allemands en Alsace, d'obtenir par le *loyalisme,* retenons le mot, un relâchement de l'oppression. On se mit à conquérir une à une les libertés nécessaires à une vie supportable. On fit enfin la trouvaille de l'autonomie qui réunit tous les suffrages. L'Alsace-Lorraine autonome, c'est-à-dire État indépendant et s'administrant lui-même au même titre que les autres États allemands. On eût préféré devenir état neutre, comme la Suisse ou la Belgique, mais il ne fallait pas demander l'impossible de peur de ne rien obtenir du tout. Que cette unanimité pour l'autonomie ne fasse croire à personne que les sentiments des Alsaciens-Lorrains à l'égard de la France avaient changé. Ce serait une grave erreur. On peut affirmer tout de suite que pour quelques-uns l'autonomie fut un idéal, pour d'autres une solution agréable, pour l'immense majorité un pis-aller.

Et c'est ici que nous arrivons à cette gamme infinie des nuances qu'il est si difficile de discerner quand on n'est pas « du pays ! ».

⁂

Que restait-il, en effet, pendant cette période qui va jusqu'à nous, de sentiment français en Alsace ?

Que de distinctions à établir pour arriver à une analyse complète et sincère de l'intensité de ce sentiment ! Je ne veux en parler qu'avec précaution et avec le souci d'éviter toute généralisation. Qu'on veuille bien se souvenir ici surtout qu'un demi-siècle de vie allemande, d'école allemande, de caserne allemande, en un mot, d'efforts allemands a passé sur l'Alsace, et qu'on se pénètre de ce principe essentiel : *Ne condamnons pas !* Admirons les uns, plaignons les autres, et surtout sachons comprendre ! Et retenons que malgré tout, nous aboutirons à une conclusion profondément consolante pour notre patriotisme français !

D'une manière générale, les ouvriers et les paysans d'Alsace ne connaissent plus guère la France. La ligne bleue des Vosges est devenue pour eux une barrière. Rien n'est parvenu jusqu'à eux du doux rayonnement de notre langue et de notre pensée. Les vieux sont morts et le voile d'un brouillard s'est posé sur les souvenirs. Dès l'âge tendre un maître d'école, façonné par la « Kultur », s'est emparé de leurs âmes et a tenté de les pétrir à sa discipline.

Nous verrons plus tard quel fut l'heureux résultat de cette tentative. Pour le moment, il importe seulement de savoir que les classes populaires ignorent, ou à peu près, la France.

Il ne va pas de même de la bourgeoisie. A de rares exceptions près, l'amour de la France, l'amour de tout ce qui est français surtout, s'y est maintenu avec une force singulière. Pour elle, les Vosges n'ont pas été une cloison étanche. Des parentés nombreuses se sont établies des deux côtés de la frontière. La tradition familiale a, pour une grande part, maintenu la tradition française. En veut-on un frappant exemple ? La seule ville de Thann compte actuellement plus de 40 officiers vivants, dans notre armée ; 4 de ses fils sont professeurs dans notre Université ; combien d'autres établis chez nous en qualité de fonctionnaires, de commerçants, d'industriels !

Dans la bourgeoisie alsacienne-lorraine, il n'est pas une jeune fille qui n'ait passé quelques années dans un pensionnat français pour y apprendre à connaître la langue française d'abord — cette suprême élégance des familles d'Alsace — notre histoire et nos mœurs ensuite. De retour au foyer familial, la jeune fille reste sans doute une bonne petite Alsacienne, qui connaît l'art de confectionner un appétissant kugelhopf, mais elle occupe ses loisirs de jeune ménagère à suivre la mode de ses sœurs françaises. Elle ignore toute sa vie ce qu'a écrit M. G. Hauptmann, mais elle est l'abonnée des *Annales*, apprend des poésies de F. Coppée, et parle avec attendrissement des romans de P. Loti ou de René Bazin.

Oh ! la femme alsacienne ! Quelle reconnaissance infinie la Patrie lui devra d'avoir maintenu envers et contre tout le souvenir de la France absente. Elle, du moins, ne connaît pas ce vil intérêt qui ternit les plus belles actions humaines. L'Allemand, elle ne le connaît que de vue, et cette vue n'est pas faite pour lui plaire ! Le gendarme, avec son casque pointu ; le chef de gare, avec sa casquette plate et rouge ; le professeur de son frère, dont la tenue lui rappelle les caricatures joyeuses de l'oncle Hansi et de l'ami Zislin, c'est tout ce qu'elle connaît de l'Allemagne. Et cela lui suffit. Elle ne rêve jamais de devenir la femme d'un de ces vilains oiseaux dont autour d'elle on parle sans sympathie.

De fait, et cela est digne d'être mentionné, rares furent les Alsaciennes qui consentirent à épouser des Allemands. On peut dire, sans exagération, que c'est surtout la femme qui, en Alsace, est restée obstinément française. Est-ce parce que la France est le pays de la grâce et de l'harmonie et que seuls les Français s'entendent à trouver, par la grâce et l'élégance de leur langage, le chemin de son cœur ? *Der Franke nur weiss Zierliches zu sagen*, dit Schiller. Peut-être. En tout cas, la femme alsacienne fut la gardienne souvent héroïque de la tradition française. Dans son chez soi, ce home confortable et riche que l'image a propagé, l'Alsacienne se souciait peu de la vie publique, des luttes d'intérêts auxquelles, par la force des choses, participaient le père, le mari ou les fils. Elle n'avait aucun contact avec les Allemands, contact auquel les hommes pouvaient difficilement se dérober.

Voulez-vous un exemple frappant de cette vaillance féminine ? Il y a de cela quelques années déjà, notre ami, l'abbé Wetterlé, expiait dans la prison de Colmar le crime impardonnable d'avoir publié, dans son journal, une caricature de Herr Professor Dr Gneisse, directeur du lycée de Colmar et fondateur d'une ligue contre l'usage de la langue française. Il occupait sa géôle depuis près de deux mois, en plein hiver, lorsqu'à l'approche de la fête de l'empereur, quelqu'un suggéra au vaillant député l'idée de demander ou de laisser demander pour lui sa grâce. Il ne voulut pas y songer. Mais quelle fierté pour lui quand il reçut de sa digne mère ce mot laconique : « Reste en prison ! Surtout ne demande pas ta grâce ! » Et la vénérable femme était octogénaire. Voilà la bourgeoisie d'Alsace !

Or, c'est ici que je placerai une observation qui a son prix. Dans notre Alsace, la bourgeoisie traditionnaliste, loyale et solide, a toujours exercé sur le peuple une profonde influence. Sauf dans les grandes villes, où le parti socialiste a su gagner de très nombreux adeptes, le peuple des campagnes n'a cessé de s'inspirer, en toute occasion, de l'exemple de cette bourgeoisie. Je me rappelle avoir, au début de la guerre, conseillé à quelques jeunes paysans émigrés de s'engager dans nos rangs. L'un d'eux me répondit, au nom des autres : « Nous ne demandons pas mieux, mais nous voulons voir d'abord ce que vont faire les *gens bien*. »

La bourgeoisie d'Alsace, je l'ai dit tout à l'heure, avait beaucoup des siens en France. Elle aimait à parler français. Elle recevait nos livres et nos journaux. Elle transmettait au peuple l'image qu'elle se faisait de notre pays. C'est ainsi que pour tous les Alsaciens la France était devenue le pays de la liberté parfaite, de la vie facile et riche, le pays où les femmes sont jolies et élégantes, où les hommes sont raffinés et spirituels, où la vie est faite de grâce et de beauté, bref l'opposé de cette Allemagne qu'on avait sous les yeux, brutale et violente, dénuée de finesse et de grâce, lourde et grossière.

⁂

Nous voici arrivés au seul point de vue pratique qui nous importe. **Ne demandons plus : que pensent les**

**Alsaciens de la France ? Demandons-nous plutôt :
que pensent-ils de l'Allemagne et des Allemands ?
Cela seul nous importe.** *Car il va de soi que si l'Alsace
déteste et méprise ses maîtres d'hier, elle est toute prête
à accepter de grand cœur la délivrance et cette délivrance ne peut lui venir que de notre côté. Il s'agira
donc pour nous uniquement de faire aimer cette
France qui fut la patrie bien-aimée des grands-pères et
des pères aux jeunes fils sevrés d'amour depuis si longtemps.*

Les Alsaciens et surtout les jeunes Alsaciens détestent-ils vraiment les Allemands ?

Comment en douter ?

Connaître l'Allemand, c'est l'avoir en horreur. Vous qui savez maintenant ce que valent les hordes infâmes qui ont violé et qui violent chaque jour le droit des peuples, qui sèment autour d'eux l'œuvre ténébreuse de la mort, qui se sentent l'âme en joie devant les villages en flammes et les moissons piétinées, que ne retient ni le doux éclat des yeux d'enfants et de femmes, ni le geste las de la vieillesse ; qui achèvent sans pitié l'héroïque soldat tombé sous leurs balles, qui tuent, pillent et affament ; imaginez-vous un instant, si vous le pouvez, que de tels êtres aient pu être aimés ? Mille fois non ! Ce qui manqua aux hordes faméliques qui envahirent, après 1870, l'Alsace et la Lorraine c'est le cœur et le tact. Ils vinrent non pour aimer et pour se faire aimer, mais pour accaparer, tyranniser, se gaver de bien-être inconnu. A des gens douloureusement éprouvés, violemment arrachés à un pays qui leur avait enseigné les bienfaits de la liberté et de l'égalité, à ces gens dont les pères avaient vécu les heures d'enthousiasme de la grande Révolution, ils apportaient le despotisme, la tyrannie la plus odieuse et la plus brutale. Cette Alsace fertile et riche était leur *propriété* maintenant. Ils furent sans pitié pour les souvenirs sacrés, pour les sentiments les plus légitimes. Ils voulurent extirper tout ce qui restait de la France détestée et surtout enviée. Ils venaient en nombre toujours plus grand, portant tout leur mobilier dans un mouchoir. Pour mieux éloigner d'eux les sympathies, ils apportaient aussi un ensemble fâcheux de mœurs et de coutumes, une parcimonie excessive que leur pauvreté ne parvenait pas à excuser complètement, un sens exagéré et puéril de la méthode, un parfait mauvais goût dans toutes les manifestations extérieures de la vie, un idéal de charcuterie arrosée de lourde bière.

Ils firent aussitôt une guerre sans merci à la langue française. Celle-ci fut supprimée dans les écoles. On en interdit l'enseignement aux professeurs libres non consacrés par des diplômes allemands. Restaient les enseignes des maisons de commerce, vivant témoignage du passé. On y remédia. Toute affiche, sauvée de la vétusté par la main agile d'un peintre en bâtiment, devait être sur l'heure traduite en bon allemand. De ce moment, le coiffeur allait s'appeler « friseur »; le restaurant devenait une « restauration ». L'œil vigilant du gendarme aperçut un jour à Strasbourg, sur une affiche, le mot français de « séance »; il invita aussitôt la société coupable de ce placard séditieux à transformer le mot en celui plus allemand de « soirée ». Un commerçant avait, en lettres d'or, annoncé ceci : « Liquidation totale ». Prié de retirer ces deux mots français, le brave négociant regretta la dépense occasionnée par sa belle inscription dès lors inutile, mais une idée de génie lui vint; sans retrancher ou ajouter une lettre, il n'eut qu'à changer l'ordre des mots pour obtenir ainsi l'annonce très allemande de : « Totale Liquidation ».

a *Marseillaise* était devenue chant séditieux. Ce fut une raison de plus pour la chanter doucement, derrière les volets clos, lors de chaque fête de famille. Le cri de « Vive la France ! » se payait de quelques mois de prison. Aussi, rares furent les paisibles ivrognes du dimanche qui n'éprouvèrent pas, sous l'enthousiasme communicatif du vin, la tentation de pousser ce cri plus souvent et plus fortement que dans le passé. On se racontait en souriant qu'un homme tombé dans le canal de Mulhouse et qui, en vain, suppliait les passants de lui porter secours, eut soudain la pensée de pousser le cri prohibé ; aussitôt, paraît-il, dix mains de gendarmes plongèrent pour le repêcher.

On surveillait étroitement toutes les sociétés de gymnastique et de musique. La coupe des uniformes ou des képis, la sonnerie des clairons, les couleurs des drapeaux, tout était passé au crible de la censure, de peur que quoi que ce soit n'évoquât le souvenir de la France. Si vous avez, disait-on, le nez rouge et les yeux bleus, ne sortez pas quand vous êtes trop pâle, vous vous feriez arrêter.

Je passe sur mille autres vexations. Je ne parle que pour mémoire du paragraphe de dictature et du régime des passe-ports. Il fallait, veuillez m'en croire, un fier courage pour tenir tête à ces gens-là. Qu'un père fût soupçonné de sentiments de fidélité à l'égard de la France, on s'en prenait au fils qu'on empêchait par tous les moyens de réussir dans sa carrière. Qu'un industriel ou un commerçant ne se montrât pas assez docile, c'étaient mille chicanes à la douane, à l'octroi, à la régie, c'était la pluie des procès-verbaux et l'aggravation de la moindre faute.

Et vous voudriez que les Alsaciens aient pu aimer les Allemands, se sentir leurs frères, se féliciter d'être annexés à leur puissant empire ? Allons donc ! Supposer pareille possibilité serait manquer de psychologie. Les Alsaciens n'ont pas des âmes d'esclaves. La patrie des Kléber, des Rapp, des Ney, et de tant d'autres héros, méprise ceux qui se plient à la terreur ; la patrie de Mme Sans-Gêne a le verbe rude et le parler franc ! Les compatriotes de Jeanne d'Arc haïssent l'envahisseur.

Mais les Allemands ne se sont pas, en Alsace, contentés d'être odieux. Ils furent aussi ridicules. Ce ne fut pas évidemment tout à fait de leur faute. Les pauvres Alsaciens faillirent en oublier leurs souffrances quand ils virent de près les êtres hirsutes et mal vêtus qui leur arrivaient, ayant sur leurs yeux hébétés les lunettes d'or classiques.

Qui n'a pas vu les toilettes féminines allemandes, où se heurtent les couleurs les plus criardes, n'a rien vu.

Et l'inévitable costume vert des hommes, le petit chapeau — rien de celui de Napoléon — agrémenté de la classique plume de coq. Voile-toi la face, ô Chantecler ! Le col de celluloïd, jauni par le nettoyage matinal à l'aide de la brosse à dents ! Les lourdes bottes de leurs pieds ! La barbe et les lunettes d'or ! Les rouges et luisantes figures des matrones ! Quel vieux bon Dieu allemand a pu modeler à son image ces contrefaçons d'humanité ! Ce n'est à coup sûr ni Apollon, ni Vénus !

Ce fut bien autre chose quand on vit à l'œuvre ces êtres bizarres. Ils conçurent, en effet, l'idée saugrenue d'embellir l'Alsace. A côté des vieilles demeures patriciennes dont A. Hallays a, dans un beau livre, proclamé tout le charme si français, à côté des jolies lignes harmonieuses qu'inspirèrent notre xviie et notre xviiie siècles, les Boches firent surgir d'invraisemblables bâtisses « en style de pâtisserie », lourdes et bizarres, ornées de fenêtres qui semblent un défi à la divine beauté de la lumière, et de portes massives qui évoquent les prisons et les oubliettes. Un chef-d'œuvre du genre se trouve à Colmar. La nouvelle gare est, en effet, un symbole de l'âme allemande. On y voit une maigre tour qui semble vouloir s'élancer, telle une aspiration d'idéalisme impuissant, et que retient fortement contre la terre la masse écrasée et pour ainsi dire reptilienne des salles d'attente. Salles d'attente ? Non salles d'auberge où si l'on veut prendre quelque repos il faut boire et saturer son corps de tous les relents de cuisine. Et l'on entre malgré soi, pour ne pas contempler au dehors les colonnes massives d'où sortent en cariatides des têtes — non de vierges grecques — mais de contrôleurs de wagons !

Pouvez-vous penser un instant que les Alsaciens aient pu goûter des barbares de cette trempe ?

Le petit peuple des ouvriers et des paysans lui-même les méprisait profondément. Le mot « schwob », équivalent du mot français « boche », désignait à la fois tout ce qui est ridicule, grossier, méchant. Il était la dernière, la pire injure dont on pût se servir. Il était l'injure suprême qu'on ne pardonne jamais.

On racontait sur le compte des Allemands de bonnes histoires, naturellement sous cape, et l'on riait de très bon cœur, d'un rire qui vengeait de tant de déboires et de tant de tristesses. Un jour vint cependant où la contrainte se fit moins dure, où un peu moins de terreur sembla régner. Voulait-on, en haut lieu, tenter une méthode plus douce après les décevantes expériences faites précédemment ? C'est possible ! Mais les sentiments avaient eu le temps de prendre racine. Le boche avait beau montrer ses dents dans un rictus qui prétendait ressembler à un sourire, les Alsaciens flairaient le loup sous l'accoutrement de la grand'mère. Ils profitèrent cependant du semblant de liberté qu'on leur offrait pour manifester un peu plus ouvertement leur aversion. Un théâtre alsacien naquit, où, dans d'amusants vaudevilles en patois alsacien, le fonctionnaire boche jouait un rôle bien ridicule. Mais ce fut l'image, la caricature surtout qui fit jaillir, impétueux et formidable, le rire meurtrier, le rire qui tue ! Grâces soient rendues à Hansi, dont vous connaissez certainement tous la délicieuse *Histoire d'Alsace* et *Mon Village*, ce livre charmant qu'on relit sans cesse. Grâces soient rendues à mon courageux ami Henri Zislin qui, plus près des masses populaires que Hansi, créa de son crayon caustique des types inoubliables d'humanité boche et qui paya de longues années de prison une audace tranquille, souriante et si française. Ils portent aujourd'hui notre glorieux uniforme, sur lequel M. Poincaré a épinglé la croix d'honneur ; mais avant cette guerre déjà ils servaient en héros notre patrie. Cela, tout le monde le sait en France, mais, précisément parce qu'on le sait, on a tort d'oublier que si un Hansi et un Zislin ont été possibles en Alsace, s'ils ont eu un grand succès, l'un dans les classes bourgeoises, l'autre dans les milieux populaires, c'est qu'ils avaient le peuple d'Alsace avec eux. Si les Allemands traquaient, poursuivaient, condamnaient sans merci les deux artistes, c'est qu'ils se rendaient compte de l'influence énorme qu'ils exerçaient sur les masses. Quelle meilleure preuve donner des sentiments *antiboches* de mes compatriotes ?

⁂

D'ailleurs, pourquoi s'arrêter à de longues démonstrations sur la période d'avant-guerre ? Nous voici en pleine tourmente. Lisez la liste, hélas déjà longue, des Alsaciens cités à l'ordre du jour, de tous les Alsaciens, engagés volontaires, tombés pour la France.

L'Alsacien-Lorrain de Paris les publie chaque semaine et la moisson est toujours plus abondante. Lisez aussi la longue, très longue liste de mes malheureux compatriotes condamnés là-bas par les conseils de guerre allemands pour leurs sentiments favorables à la France, hostiles à l'Allemagne. Ce n'est pas par centaines, c'est par milliers qu'ils faut compter ces héros du patriotisme douloureux.

Jamais je n'ai mieux compris le profond attachement de l'Alsace pour la France, comme depuis cette guerre. J'ai vu passer plusieurs milliers d'évacués de là-bas à Besançon. J'ai entendu de navrantes confessions, j'ai vu couler bien des larmes. Des braves gens qui étaient partis vers la France, comme on va vers la lumière, se sont vu traiter de boches, d'espions. Ils se sont vu arrêter par les gendarmes, placer sous surveillance dans des dépôts où manquait, je vous assure, le plus élémentaire confort. Eh bien, ces gens ainsi suspectés et persécutés, ces gens auxquels on jetait à la face la plus pénible, la plus imméritée des injures en les traitant de boches, ces gens qui se plaignaient âprement, et avec raison, finissaient presque toujours leur petite confession par ces mots : « N'est-ce pas, Monsieur, les boches ne reviendront plus en Alsace ? »

Oui, les braves gens ! Ce n'est pas devant eux qu'il faudrait prononcer une parole pessimiste. Ils sont tous assurés du succès ! Les affiches allemandes ont disparu des maisons alsaciennes. Partout la langue française s'étale triomphalement. Il avait fallu de longues années, des amendes et des procès-verbaux pour décider le coiffeur à devenir un *frisœr*. Il n'a pas fallu un mois pour qu'avec joie le friseur redevienne le bon vieux coiffeur de jadis. A Dannemarie, on peut lire tout près de l'église cette enseigne de magasin : « République française ! Mᵐᵉ X., marchande de légumes ! » Brave femme, trop heureuse de proclamer, *urbi et orbi*, qu'elle est citoyenne de la République française.

Les enfants vont à l'école française. Jamais ils n'ont travaillé comme à présent, avec autant d'ardeur et autant de goût. Nos soldats sont choyés par les familles, on se les dispute, on les admire, on les aime. C'est à qui tentera de leur faire oublier les dures épreuves de la campagne.

Pourquoi faut-il qu'en France on ne se sente pas, malgré tout, rassuré par de si sincères manifestations du sentiment patriotique ? Pourquoi faut-il que des bruits odieux, véritables « rumeurs infâmes », dont je devine l'origine suspecte, tentent de séparer ceux qui n'ont jamais été que des frères ?

C'est là, hélas ! une trop douloureuse réalité. Et puisqu'il le faut, puisqu'il est bon de porter dès le début le fer sur la plaie, je vais essayer de prouver à mes compatriotes de France ce que valent les objections qu'on oppose aux Alsaciens-Lorrains. Prenons-les une par une et faisons-en prompte et définitive justice.

Les Alsaciens parlant un patois germanique ne peuvent, dit-on, être de race française

Un capitaine, qui fit la campagne d'Alsace, a formulé l'objection avec une brutale franchise : « Je suis parti à la guerre avec la ferme conviction que les Alsaciens étaient restés de bons Français. Mais c'est plus fort que moi. Je ne puis admettre que des gens qui parlent allemand, soient de bons Français ! »

Napoléon, qui s'y connaissait en hommes, était plus clairvoyant : « Qu'importe, disait-il, que ces gens-là parlent en allemand, pourvu qu'ils sabrent en français ! »

Est-il d'abord bien conforme à la vérité de dire que les Alsaciens ne parlent qu'un idiome allemand ? Certes non. Sans insister sur le fait qu'une partie du pays ne parle que le français, nous nous bornerons à constater que l'Alsace est une province frontière et que, par la force des choses, la langue des habitants y subit une double influence. L'Alsace est un pays bilingue. Dans la classe bourgeoise, je l'ai dit, la langue française prédomine. Les premiers mots que l'enfant bégaie, les premières paroles de tendresse de la mère, y sont de bonne qualité française. Qu'importe, en l'espèce, le fameux *accent* qui fait sourire, mais qui reste si touchant dans sa gaucherie honnête : l'enfant de la bourgeoisie alsacienne n'apprend l'allemand qu'à l'école. La langue française est sa langue maternelle.

Il n'en est pas de même dans les classes populaires. Celles-ci parlent, en effet, un patois germanique, pénétré d'ailleurs d'un grand nombre d'expressions françaises. De cette langue rudimentaire, que faut-il penser ? Citons l'explication fort juste qu'a donnée notre compatriote, M. le professeur Kunstler, de Bordeaux :

« Le dialecte actuel, archaïque et ne répondant guère qu'aux besoins courants de la vie ou à certaines habitudes gouailleuses, *est né* essentiellement des guerres sans fin et *des contacts constants avec l'ennemi. Les* Francs parlaient un idiome germanique. Du reste, dans tous les pays frontières, il s'établit un chevauchement de langues. *Le patois alsacien a la valeur d'un langage acquis.* »

Un langage acquis ! Vérité profonde. Exposée sans cesse dans le cours des siècles à la ruée des hordes germaniques, l'Alsace se trouva dans la dure nécessité d'entrer en contact avec ses voisins d'outre-Rhin, dont elle ne connut que les violences. Mais, en dépit de ses répugnances, il fallut malgré tout qu'elle s'assimilât le seul moyen que les hommes ont trouvé pour extérioriser leurs idées — parlons plus simplement — pour s'entendre : la langue.

Malgré leur patois germanique, les Alsaciens peuvent se réclamer à bon droit de la race latine. Les légions romaines séjournèrent dans leur pays plus longtemps que partout ailleurs.

Les Francs en firent la conquête. Nos rois y possédaient des terres. Et rien ne se passa plus simplement que le retour de l'Alsace à la France, en 1648. J'ai sous les yeux la relation d'un voyage en Alsace, que fit vingt ans après le traité de Westphalie, un aimable Parisien,

secrétaire de quelque fermier général. En quittant
Paris, notre voyageur se réjouit de pouvoir « apprendre
une langue étrangère » en Alsace. Il y séjourne pendant dix-sept mois et ne tarit pas d'éloges sur l'hospitalité fraternelle qu'il y rencontre. Il se sent vraiment
« chez lui » parmi ces gens au parler rude, étrange
autant qu'étranger. En entrant à l'église de Thann, il
constate que « les filles y récitaient pour lors leur cha-
pelet en allemand ». Il ne s'étonne pas trop, mais
ajoute : « ce qui me fit souvenir que je l'avais vu prati-
quer autrefois dans ce pays ». Il n'en estime pas les
Alsaciens moins bons Français pour cela.

Si la fusion de l'Alsace avec la France fut si rapide
et si aisée, c'est qu'il y avait unité de race. On peut
regretter aujourd'hui que les différents gouvernements
qui se sont succédés en France n'aient rien fait pour
hâter l'unité de la langue. Soucieuse de respecter toutes
les libertés, la France admettait, avant 1870, qu'on prê-
chât en allemand dans les églises, qu'on parlât le patois
alsacien dans les assemblées départementales ou muni-
cipales, voire même à l'école. Tolérance excessive et
dangereuse, puisqu'elle a eu ce résultat de fournir un
argument facile aux conquérants allemands de 1871 et
un préjugé absurde à quelques Français de 1916.

Il est téméraire de conclure de la langue aux sentiments. On a maintes fois constaté en Alsace que les
villages de langue purement française étaient souvent
moins hostiles aux Allemands que les autres. On a
trouvé de ce fait une explication ingénieuse : Les Alsaciens de langue allemande veulent se faire pardonner
leur langue par plus de dévouement à la France ! C'est
possible. Encore que j'incline plutôt à croire que les
rivalités entre jeunes gens, les jalousies de contreban-
diers, la concurrence commerciale atténuent quelque
peu l'amitié entre les villages de la frontière et qu'à

l'encontre du proverbe, il vaut parfois mieux être loin des yeux pour demeurer plus près du cœur.

Une constatation enfin qui a son importance. Les Alsaciens ne demandent qu'à apprendre la langue française. *Le droit à la langue française fut une grosse partie des programmes politiques durant la période allemande.* Les statistiques démontrent qu'après l'annexion allemande l'usage de la langue française s'est étendu malgré toutes les entraves ! En 1914, il y avait en Alsace beaucoup plus d'habitants parlant la langue française qu'en 1870. Qu'on se rappelle la jolie anecdote des enfants lorrains auxquels l'impératrice demanda de formuler un souhait : « Nous voudrions, dit une fillette, nous voudrions, Madame Guillaume, qu'on nous apprit un peu de français ! » Apprendre le français, c'est un besoin du cœur pour les Alsaciens. Le savoir, c'est pour eux une marque de suprême élégance. Si vous avez voyagé là-bas, vous n'êtes pas sans savoir avec quels sentiments de respect on y considère celui qui parle notre langue. Il suffit de quelques paroles françaises pour être classé aussitôt parmi les gens « comme il faut ». Ce qui m'a le plus étonné à Belfort, m'a dit un brave ouvrier alsacien après son premier voyage en France, c'est que les domestiques mêmes y parlent français !

On est fier en Alsace de pouvoir montrer qu'on sait quelques mots de français. On les place à tout propos. Le paysan, auquel sa fortune permet d'envoyer sa fille pendant un ou deux ans dans un pensionnat français, en conçoit un véritable orgueil. En parlant notre langue, sa fille est devenue une « demoiselle ». Son langage fait partie de sa dot. Elle pourra faire, grâce à lui, bonne figure dans le monde.

Combien de fois, depuis la guerre, j'ai rencontré de pauvres réfugiés de l'Alsace reconquise, qui racontaient, le visage illuminé de joie, que leurs enfants fréquentaient nos écoles et ne parlaient plus que notre langue.

Qu'importe donc ce patois qui blesse vos oreilles. Il ne tiendra qu'à vous de lui substituer au lendemain de la guerre notre belle langue française, qui semble si douce aux oreilles alsaciennes, et qui sera, par nos soins, la langue maternelle des générations qui se lèvent.

Au demeurant, ne soyez pas trop sévères pour le pauvre patois de là-bas. Vous lui accorderiez même quelque sympathie si vous pouviez comprendre quelques-unes de ces bonnes vieilles histoires que les Alsaciens content dans un langage si truculent et si spirituel qu'il n'a vraiment plus rien d'allemand !

Des Alsaciens, objecte-ton, servent dans les rangs allemands !

Oui, sans doute. Mais est-il possible que des Français, qui ont été à l'école et ont appris leur histoire, manquent de bon sens au point de faire à des victimes un grief de leur sort, au lieu de les plaindre ? Comment ? Voilà des gens que le traité de Francfort, signé par la France, le couteau sur la gorge, c'est vrai, mais signé quand même, voilà des gens, dis-je, qu'un traité livre corps et âmes aux Allemands, qui sont la rançon de votre repos et de votre bonheur, et vous ne craignez pas de leur reprocher d'être devenus Allemands. Car enfin, s'ils voulaient rester dans leur pays, conserver leur terre et leur maison de commerce, ne pas livrer leurs biens à l'envahisseur, ils n'avaient qu'une seule ressource : obéir aux lois du vainqueur, même à la loi sur le recrutement et faire leur service militaire en Allemagne.

Vous pensez sans doute que je pars en guerre contre des moulins à vent et que personne n'est assez naïf chez nous pour formuler pareil reproche. Détrompez-vous. Ce n'est pas sans quelque gêne que je consens à répondre à une accusation aussi saugrenue. Mais lorsque l'erreur part de haut elle peut être dangereuse Au début de la guerre, un général trouva bon de faire classer les Alsaciens-Lorrains en deux catégories : ceux qui ont des parents dans l'armée française, ceux qui en ont dans l'armée allemande ! Ces derniers devaient être considérés comme suspects.. On se mit à l'œuvre et on eût tôt fait de s'apercevoir que la plupart des annexés avaient des leurs des deux côtés. Ce fut un casse-tête chinois et l'admirable critérium fut abandonné. Le bon général n'a pas toutefois le monopole de cette trouvaille. Nombreux furent les maires de nos villages et les commissaires de police qui expédièrent vers la misère des camps de concentration, d'inoffensives bonnes ou de pauvres paysans, parce qu'ils avaient avoué qu'un des leurs servait dans l'armée ennemie !

A ces fonctionnaires mal informés, je dis : ne jetez pas la pierre à ces malheureux que par force on a revêtus de la livrée du roi de Prusse. Plaignez-les ! Parfois aussi saluez-les chapeau bas, car, plus souvent que vous ne le pensez, ce sont des martyrs !

Tomber en pleine bataille, en défendant le sol sacré de la Patrie, c'est mourir en pleine gloire, en pleine beauté ! Mais mourir d'une balle fratricide avec un idéal inassouvi au cœur, quelle poignante détresse !

L'abbé Wetterlé a narré, en termes émus, l'histoire d'un de ses jeunes amis de Colmar, enrôlé contre son cœur dans les hordes allemandes. Le pauvre enfant avait juré, en partant, à son père que jamais il ne tirerait sur un soldat français. Il tint parole. Mais son officier, s'étant aperçu des intentions de ce jeune Alsacien, lui brûla la cervelle. Et l'enfant mourut en exhalant un dernier cri d'amour pour la France !

Mon père avait un ami qui consacra tout son travail à la réalisation de ce but : vivre ses dernières années en

France, redevenir Français avant de mourir ! Ayant fait fortune, il céda ses affaires à son fils, quitta l'Alsace, et alla s'établir à Saint-Dié. Quand la guerre survint, le fils fut surpris par la mobilisation. Il eut, en partant, une affreuse crise de nerfs. Or, savez-vous ce qu'il advint ? La vie défie parfois l'imagination des romanciers. Tandis que le pauvre père, tombé malade, agonisait dans une cave de Saint-Dié, le fils se trouvait parmi les soldats boches qui bombardaient la ville ! Imaginez la douleur de ce malheureux dont le cœur, deux fois français, battait de honte et d'angoisse sous sa tunique allemande !

Combien de tragédies terribles, combien d'histoires touchantes on pourrait évoquer ici ? C'est l'Alsacien B., sergent-major dans l'armée allemande, qui fait déserter en Belgique 93 soldats, les amène à notre Etat-Major, troque sa livrée contre notre uniforme, conquiert les galons de sous-lieutenant et la croix de guerre et tombe au champ d'honneur. C'est un paysan de D. arrivant à nos lignes et désignant au loin une ferme isolée derrière laquelle se trouvait, dit-il, une batterie allemande. « Comment le savez-vous ? lui demande un de nos officiers. — C'est ma ferme ! répond l'homme. J'ai pu y laisser mon uniforme et prendre les vêtements civils qui m'ont permis de m'évader ! »

On comprend que les Allemands aient fini par se méfier de tous ces Alsaciens qui les servaient à leur corps défendant. Lisez ce document et pesez-en les termes. Il vous en dira plus long que toutes mes démonstrations. C'est un document secret et qui émane du ministère de la guerre de Berlin :

SÉCRET.   Berlin W 66 11/1 1916.

Au sujet du retrait des militaires alsaciens-lorrains du front ouest

On a proposé, à la suite de nombreuses manifestations de tendances antiallemandes constatées chez les Alsaciens-Lorrains, de transférer tous les militaires alsaciens-lorrains vers l'intérieur de l'Allemagne ou vers le front oriental, sans tenir compte de la réputation ou des antécédents de ces militaires, ni des témoignages de leurs supérieurs.

Après examen approfondi de la question et d'accord avec le haut commandement, le ministre de la guerre estime suffisantes les mesures qu'il a prises au sujet du retrait du front ouest des Alsaciens-Lorrains mobilisables. Par suite, il renonce à transférer indistinctement tous les militaires alsaciens-lorrains, soit dans l'intérieur, soit sur le front oriental. Par contre, il semble opportun d'éloigner les Alsaciens-Lorrains des services et de tous les postes de l'arrière où ils pourraient prendre connaissance de l'organisation de l'armée et des mesures d'ordre militaire. De même, il conviendra de relever les Alsaciens-Lorrains, employés par des officiers supérieurs ou des états-majors comme ordonnances, hommes de liaison ou secrétaires.

Les mesures d'exécution sont laissées à votre appréciation.   *Par délégation :* Von WANDEL.

Cette méfiance justifiée de nos pires ennemis n'est-elle pas le plus beau et le plus indiscutable des témoignages ? Puisque les Allemands se méfient, ai-je raison de dire que nous pouvons, que nous devons ·.voir confiance ?

On nous a, dit-on, trahis en Alsace-Lorraine

L'accusation est grave. Elle se présente d'ailleurs sous des aspects divers. Nous ne pouvons plus nous fier à personne en Alsace. Les gens nous y font bonne mine pour mieux nous trahir ! On a tiré sur nous lors de notre entrée en Alsace-Lorraine ! Les Alsaciens nous ont reçus sans enthousiasme ! J'oublie sans doute quelques variantes. Et naturellement ce sont des officiers et des soldats qui ont participé à la campagne d'Alsace et de Lorraine, dont on invoque le témoignage.

Il serait facile d'opposer par centaines, par milliers peut-être, des témoignages qui réduiraient à néant ces jugements légers, qui trouvent malheureusement leur origine dans des généralisations naïves, parfois dans des calomnies intéressées, oui, intéressées! Entendons-nous bien ! Il est difficile d'admettre *à priori* qu'un Français quelconque puisse avoir un intérêt à représenter les Alsaciens-Lorrains comme des traîtres. Mais il est des gens qui ne sont pas difficiles dans le choix des moyens quand il s'agit de grandir leur importance ou d'amplifier leur rôle pendant la guerre. Tous les Tartarins ne sont pas de Tarascon, et l'on gasconne un peu sous toutes les latitudes.

Le nombre de nos vrais héros, c'est-à-dire de ceux qui, sans forfanterie, simplement, obscurément, font leur grand devoir, luttent et meurent pour la France, est assez grand pour qu'il nous soit permis d'avouer qu'il existe aussi une certaine quantité de héros dont les exploits sont le produit d'une imagination féconde et d'une puissante incontinence verbale.

Voulez-vous des exemples ? A l'issue d'une conférence de notre ami, D. Blumenthal, qui venait de proclamer avec éloquence la fidélité patriotique de l'Alsace, un jeune officier, sanglé dans un impeccable uniforme neuf, trop neuf ! jetait négligemment à toute une basse-cour qui l'enveloppait de son ramage : « Il a beau dire, cela n'empêche pas qu'on nous a fusillés à Mulhouse de toutes les fenêtres, après nous avoir offert des fleurs à l'entrée de la ville ! »

J'ai voulu avoir le cœur net des souvenirs de cet adolescent au parler téméraire, et j'ai appris, sans trop d'étonnement, qu'il n'avait jamais mis les pieds en Alsace. Pour ce qui est du front, il n'avait jamais vu attentivement que le sien, propre et lisse, au moment de l'orner d'une raie avantageuse devant le miroir de son cabinet de toilette.

J'ai entendu parler aussi d'un agent de la sûreté, que les hasards de la mobilisation ont placé en Alsace dans le ravitaillement. Ses chefs militaires font-ils appel à ses lumières policières, dont il est fier ? Je l'ignore. Mais chaque fois que les événements le ramènent en arrière, il ne manque pas de raconter des histoires de croquemitaine dans lesquelles il est question de signaux dans la nuit, de barques mystérieuses glissant sans bruit sur des rivières où, je l'affirme, toute navigation est impossible, de gens grimés en curés, en généraux, en ouvriers maçons, que sais-je encore ? Véritable Sherlok Holmes, il n'est complot si savamment ourdi qu'à la fin il n'en découvre la trame. Ses récits fantastiques se terminent ou débutent invariablement par ces mots : « J'ai fait fusiller cette semaine six, ou huit, ou dix Alsaciens ! » (Excusez du peu !)

Il n'y a naturellement rien de vrai dans toutes ces histoires, mais les braves gens qui les entendent répandent, en frissonnant, la légende horrifique des espions alsaciens.

Je me borne à ces deux exemples, mais il me serait facile d'en citer des centaines pour montrer comment est née cette « rumeur infâme ».

A côté de ces « tartarinades » grotesques, il y a, né le dissimulons pas, des impressions sincères et des généralisations dangereuses. Les impressions ? Nous savons depuis deux ans par expérience combien il faut se méfier en général des appréciations que les soldats rapportent parfois de la bataille. Le danger, le bruit, l'émotion extrême grossissent et déforment souvent les événements. Un incendie dans la nuit devient une ville en flammes, dix soldats qui fuient en tous sens deviennent une armée en déroute. Des hommes, affirmés morts par des camarades qui les ont vu tomber, sont revenus sans une égratignure.

Des généralisations ? L'histoire fameuse de l'Anglais, qui affirme que toutes les Françaises ont les cheveux roux, reste un éternel symbole. Qu'un jeune Français, débarqué en Alsace l'esprit plein des niaiseries sentimentales des romans-feuilletons patriotiques, ait été trahi dans une maison d'Alsace — je dis d'Alsace et non d'Alsacien — qu'il soit tombé du très haut piédestal de ses illusions, la chose est fort possible. Que fort de sa déception, il ait ensuite généralisé le fait et suspecté toute une population, c'est un sentiment très humain et très excusable.

Malheureusement de pénibles accusations sont nées de cette façon et celles-ci ont trouvé dans certains milieux français un terrain d'autant plus propice, qu'on était en droit de se méfier. Des nuées de boches, commerçants, garçons d'hôtel, étudiants, gouvernantes, bonnes à tout faire, même de la louche besogne, s'étaient, durant la période d'avant-guerre, faufilés dans nos provinces, avaient pris pour se bien faire accueillir des faux-nez alsaciens, s'étaient proclamés originaires de Mulhouse ou de Strasbourg, avaient fait parade d'un patriotisme outrancier et indiscret, puis s'étaient enfuis au premier coup de canon pour revêtir le casque à pointe ou pour mettre à profit les renseignements que notre candide hospitalité les avait mis à même de recueillir.

Eh bien ! Il ne faut pas que notre loyale Alsace, que notre généreuse Lorraine souffrent de tant de jugements contestables auxquels, je le répète, on pourrait opposer par milliers des témoignages contraires et péremptoires.

Puisque toutefois rien n'est aussi tenace que l'erreur bâtie sur le mensonge, il n'est pas inutile de mettre les choses au point.

———————

On a, affirme-t-on, tiré sur nos troupes en Alsace-Lorraine !

Je déclare, pour commencer, que je n'aime pas cette phrase odieuse : On a tiré sur nous ! Nous en connaissons trop la traduction : *Man hat auf uns geschossen !* Elle est née sur les lèvres immondes de ces bandes d'assassins boches qui, au début de cette guerre, ont crucifié la malheureuse et héroïque Belgique ! On a tiré sur nous ! Cela ressemble au : « C'est lui qui a commencé ! » des petits garnements qui veulent perpétrer un coup perfide. C'est du *Made in Germany.* C'est sous ce prétexte que les barbares ont pillé et incendié villes et villages, qu'ils ont massacré d'inoffensifs et paisibles paysans, qu'ils ont martyrisé des femmes et des enfants. J'ai pour cette accusation, qui débute par un terme vague, un irrésistible dégoût. Elle fleure l'hypocrisie et la recherche de l'alibi. Appliquée à toute une population, cette phrase devient monstrueuse. Il me coûte de penser qu'elle ait pu sortir d'une bouche française

Où a-t-on tiré sur nos troupes en Alsace ? Je sais, en quelque sorte heure par heure, ce qui s'est passé dans la vallée de Saint-Amarin pendant les jours trois fois bénis du mois d'août 1914 qui virent s'accomplir l'œuvre si longtemps attendue là-bas par tant de cœurs fidè'es. Thann est la ville où je suis né, où dorment mes morts ! Je mets au défi qui que ce soit de me donner la preuve, ou simplement d'oser l'affirmation, qu'un coup de feu y ait été tiré sur nos troupes. Dans tous les villages de cette riante vallée, qui eut la première l'honneur de redevenir française, je compte de bons et de fidèles amis, d'un patriotisme sincère, voire fanatique. Ils ont tout vu et tout entendu. Il n'est pas un d'entre eux qui ne bondirait sous l'accusation infâme. Lisez, voulez-vous, ce bout de lettre qui m'est parvenu au lendemain de l'arrivée des nôtres à Thann :

« Vous a-t-on raconté par quelles émotions nous avons passé ? Ce qu'a été cette première entrée des Français en ville ? Je crois que nous étions tous devenus un peu fous, nous n'étions pas sûrs d'être réveillés. Quelles belles heures nous avons vécues ! Jamais nous ne saurions le raconter. Nous vivions le rêve de toute notre vie ; jamais on n'a rien imaginé d'aussi beau ! Tous ces soldats français dans nos rues, et y voir passer le drapeau ! Nous savons maintenant quel est le plus beau jour de notre vie ! »

J'entends votre réponse : A Thann, à Massevaux, soit ; mais à Mulhouse ?

A Mulhouse ? Voyons, est-il logique de penser que les Alsaciens de Mulhouse diffèrent à ce point de leurs compatriotes de Thann ? Quelques kilomètres de distance peuvent-ils créer un abîme entre gens de même race et de même tempérament ? Il n'est pas en Alsace de ville restée plus française que Mulhouse. Les Allemands le savent mieux que personne. L'accueil qu'y trouvèrent nos soldats lors de leur première entrée fut enthousiaste. S'il fut plus réservé la seconde fois, nous en verrons la raison plus tard.

On a raconté que la femme d'un fonctionnaire allemand avait, à Altkirch, déchargé son revolver à bout portant sur un de nos officiers ; que la femme d'un forestier avait lâchement assassiné un de nos dragons à Montreux-Vieux : ces faits sont vraisemblables ! Qu'on ait tiré sur nos soldats de certaines fenêtres, dans les rues de Mulhouse, *le fait est possible, mais celui-là seul s'en étonnera qui oublie qu'il y a dans cette ville plus de 30.000 boches,* fonctionnaires de tout genre, immigrés ou fils d'immigrés. Vous entendez-bien : plus de 30.000. Pourquoi voulez-vous confondre ces 30.000 parasites avec la population indigène, qui certes ne les a pas appelés et qui souffrait de leur présence plus que vous ne pouvez l'imaginer ?

Au demeurant voulez-vous, pour en finir avec cette question, un détail piquant ? Les boches ont, de leur côté, accusé les Mulhousiens de les avoir reçus à coups de fusil au lendemain de la retraite française. Une enquête fut ouverte à ce propos par le maire, assisté de quelques avocats de la ville. Il y eut même, à cette occasion, un épisode amusant. Un officier allemand soupçonna particulièrement l'hôtel du Raisin de servir de repaire aux « francs-tireurs ». Il entra dans le restaurant,

bondé de monde, cria, menaça, et déclara pour finir :
« Je choisis les quatre plus sales têtes et je les emmène
comme responsables ». Il fit son choix ! Malheur ! Il
avait choisi quatre boches ! On les relâcha.

La vérité se devine peut-être dans cette note laconique, extraite du carnet de route d'un soldat allemand :
« Les Français sont devant l'hôtel Central, tandis que
nous sommes encore dans la rue Franklin ! »

Pourquoi chercher midi à quatorze heures ? Si des
soldats allemands se trouvaient encore dans les rues
de la ville lors de l'entrée des troupes françaises, les
coups de fusil s'expliquent de la manière là plus natu-
relle.

Voici d'ailleurs quelques témoignages indiscutables
parus dans la grande presse de Paris.

L'Œuvre a publié la longue lettre d'un soldat qui par-
ticipa à la campagne de Mulhouse. Celui-ci nie formel-
lement l'infâme légende des « coups de feu tiré. par des
civils » et invoque le témoignage des officiers et des
soldats de sa brigade. « Au contraire, constate-t-il, à
Soultzeren nous avons trouvé les tombes de nos camarades admirablement et pieusement entretenues et
fleuries. » Il ajoute :

« Peu de jours avant l'avance du 18, une demi-section
du ....° régiment, en reconnaissance, avait dû passer la
nuit, une nuit froide et pluvieuse, dans les fossés de la
route. Au petit jour, lorsque le bruit de la présence de
ces hommes se fut répandu dans le village, on vit sortir des femmes, des jeunes filles chargées de paniers et
de bouteilles. Chaque soldat reçut un verre de vin et un
bol de café au lait bien chaud. Le menu était bien
alsacien et fut accueilli avec joie par les hommes gre-
lottants et transis. Moi qui savais les terribles représailles que risquaient ces braves gens, j'en ai été ému

jusqu'aux larmes. Les histoires de ce genre sont nombreuses ; pourquoi ne les raconte-t-on pas à l'arrière ? »

Le *Temps* a reçu, lui aussi, une lettre de Bâle, faisant justice de la légende atroce « propagée, hélas ! par nos vaillants revenus du front et abusés par les apparences ». Il ajouta :

« Il est certain que lors de nos premières opérations en Alsace, on a été beaucoup trop confiant et que nos troupes ont été abominablement trahies par des individus des deux sexes, parlant un français très convenable et se donnant pour Alsaciens.

» A la suite de ces mécomptes, beaucoup d'entre nous sont tombés dans l'excès contraire, tout aussi regrettable ; mais il subsiste un fait, c'est que les vrais Alsaciens nous ont rendu et ne cessent de nous rendre des services inappréciables, et ceci confirme les dires de notre honorable correspondant. »

L'*Alsacien-Lorrain de Paris*, le vaillant journal de mon ami Florent Matter, journal dont on ne saurait assez recommander l'abonnement à tous les amis de l'Alsace-Lorraine, reçut la lettre suivante d'un soldat qui fut témoin des faits :

« Le 21 juin 1916.

» Monsieur le Directeur
de l'*Alsacien-Lorrain de Paris*,

» Je désire, Monsieur, vous apporter mon témoignage sur la réception qui fut faite aux troupes françaises en Alsace-Lorraine.

» Faisant partie du 7ᵉ corps d'armée, j'ai trouvé en Alsace un excellent accueil et, comme moi, mes camarades se rappellent l'enthousiasme de la population de

Mulhouse lors de notre entrée dans cette ville, les vieillards pleuraient de joie et la foule bourrait de force nos poches et nos musettes avec du chocolat, des cigarettes, des petits billets de banque, etc. Le soir, c'était à qui nous aurait à loger, et c'est au milieu d'une véritable fête que l'ordre d'évacuer la ville vint nous trouver ; la tristesse de nos hôtes était inexprimable et, jusqu'au dernier moment, ils se prodiguèrent en gâteries et en bon conseils. Je fus un des derniers à quitter Mulhouse et j'affirme qu'il n'y eut aucune tentative de faite contre les retardataires qui, par petits groupes ou même isolés, couraient plus de risque que tous autres.

» A notre deuxième entrée à Mulhouse, le 19 août 1914, nous trouvâmes le même accueil, mais plus discret, par crainte des espions et des représailles. Je circulais souvent seul en automobile dans toute la région, et je puis dire qu'à la campagne comme à la ville, je n'eus qu'à me louer de l'attitude des populations.

» A Dornach, Lutterbach, Dannemarie, Altkirch, Niedermorschwiller, Heimsprung, les habitants nous reçurent également à bras ouverts, couchant par terre pour nous donner leurs lits, et personnellement je n'ai jamais ouï dire que des soldats français aient eu à se plaindre de quoi que ce soit.

» Je reste donc convaincu de la fidélité et du profond patriotisme des populations alsaciennes, et j'ai confiance que cette année, comme en août 1914, le drapeau français élèvera ses trois couleurs glorieuses au-dessus de l'hôtel de ville de Mulhouse !

» Croyez, Monsieur le Directeur, à ma bien respectueuse sympathie.

» Fernand BARBEROT. »

Il y a eu des gens mal informés qui accusèrent nos compatriotes lorrains d'avoir de même reçu les nôtres à coups de fusil. Or voici, à ce propos, la réponse très simple et très loyale que publia, le 18 juin, l'*Alsacien-Lorrain de Paris*. Elle émane d'un jeune sergent désireux de rétablir l'exactitude des faits :

« J'ai pris part à toute la campagne de Lorraine, pendant laquelle nous avons été jusqu'à Sarrebourg. Je dois reconnaître que les habitants nous ont toujours accueillis d'un façon très courtoise, en mettant tout ce dont nous avions besoin à notre disposition... Je ne peux croire que ces mêmes gens aient tiré sur nos camarades. A mon avis, le fait peut s'expliquer ainsi : Dans la matinée du 20 août, nous avions occupé les villages aux environs de Sarrebourg, mais quelques heures après, nous étions obligés de les évacuer.

» A peine étions-nous sortis que nous recevions des coups de feu partis des cours et des maisons. *Beaucoup croyaient que c'étaient les civils. Erreur ! Les coups de feu étaient tirés par des soldats qui avaient réussi à se cacher* et que, dans notre avance précipitée, nous n'avions pas eu le temps de dénicher. Ce fait s'est passé à mon bataillon et a certainement dû se reproduire dans d'autres ! »

C'est le bon sens même !

Des Alsaciens, dit-on encore, servent d'espions aux Allemands !

Et s'il en était ainsi ? La trahison de Judas doit-elle rejaillir sur les apôtres ? Le patriotisme des Alsaciens sera-t-il mis en doute pour la faute de quelques brebis égarées ? N'avons-nous pas trouvé des traîtres dans d'autres provinces françaises ? Les journaux ne, viennent-ils pas de nous raconter qu'à Rouen, un commerçant français de Roubaix fut condamné à mort comme espion allemand ? Il n'est venu à l'idée de personne de prétendre que les Alsaciens sont tous des héros ou des petits saints. Les mânes de M. de La Palisse dussent-elles en tressaillir d'aise, je n'hésite pas à déclarer qu'il y a en Alsace, comme ailleurs, des voleurs et des escrocs, des vagabonds et des braconniers, des maris volages et des fils ingrats, des filles légères et des femmes acariâtres. Pourquoi n'y aurait-il pas aussi des espions ? Le vice y sert de repoussoir à la vertu comme dans tous les pays du monde et les exceptions y sont, comme ailleurs, la plus éclatante confirmation de la règle.

Revenons à l'espionnage qui, sous le nom plus distingué de : « Service des renseignements », est devenu une institution régulière dans les armées modernes. Tous les pays y ont forcément recours. Mais il y a espion et espion. Qu'un officier, qu'un soldat ou même un civil risque sa vie ou sa liberté pour recueillir d'utiles renseignements d'où peuvent dépendre le sort d'une bataille et le salut du pays, nous avons le droit de parler d'héroïsme quand son activité est désintéressée et que seul l'amour du pays l'inspire. Epier des conversations, cambrioler des documents, trahir des secrets surpris, ce sont là des actions qui n'ont en soi rien de bien honorable. L'intérêt supérieur du pays peut les excuser, voire les magnifier, à condition qu'aucun souci de vil intérêt n'entache cette œuvre.

Un Alsacien, cela est incontestable, peut rendre de précieux services à un bureau de renseignements. Il parle souvent deux langues, il connaît les deux pays, il a souvent des deux côtés d'utiles relations. Nul doute que les Allemands n'aient essayé par tous les moyens de corruption de gagner à leur service d'espionnage, admirablement organisé, quelques Alsaciens. Y sont-ils parvenus ?. C'est méconnaître la fragilité humaine que d'en douter. Il croît de mauvaises herbes dans les plus beaux jardins !

Ecoutez toutefois ceci et contrôlez mon affirmation si vous êtes sceptique. Le service de contentieux militaire, qui a eu en mains depuis le début de la guerre tous les dossiers de trahison et d'espionnage, n'a pas *eu un seul dossier concernant un Alsacien-Lorrain.*

Y a-t-il, d'autre part, des Alsaciens qui renseignent les autorités françaises d'une manière désintéressée ? Nous le saurons un jour, quand la paix sera revenue avec la victoire. D'ores et déjà les Allemands ont eux-mêmes soulevé un coin du voile en fusillant bon nombre d'Alsaciens, en condamnant aussi quelques centaines de ceux-ci pour ce qu'ils appellent le crime de « haute trahison ! »

Nos soldats ne courent donc aucun danger d'être trahis en Alsace, à condition qu'une administration clairvoyante sache épurer le pays de tous les éléments allemands ou « trop intéressés » à la victoire allemande. Vous en êtes convaincus maintenant, mais il vous reste un doute.

Nos troupes ont été, croyez-vous, accueillies froidement par la population alsacienne

Distinguo ! comme disaient les théologiens du Moyen-Age. Les premiers Français qui franchirent la frontière, en 1914, furent reçus avec enthousiasme par les habitants, qui ignoraient d'ailleurs que la guerre fût déclarée, l'agence Wolff ayant oublié de les prévenir. En voyant paraître les premiers uniformes français, les Alsaciens ne se sentaient plus de joie. Les canons disparaissaient sous les fleurs. Ce fut à qui emplirait de tabac et de friandises les poches de nos soldats. La joie illuminait les yeux et débordait des cœurs. Il fallut que la sagesse des vétérans intervînt pour qu'en présence des fonctionnaires d'outre-Rhin la population ne se compromît pas d'une façon trop dangereuse pour le cas d'un retour offensif des ennemis. Les représailles allemandes, on le sait trop, sont terribles et impitoyables et les Alsaciens savent mieux que personne que leurs oppresseurs ne plaisantent pas quand il s'agit de réprimer ou de punir. Qu'on me permette cet exemple en passant. A Cernay, une famille d'immigrés avait noté soigneusement les noms de toutes les personnes qui avaient manifesté un trop grand enthousiasme lors de l'entrée en ville des troupes françaises victorieuses. Le juge de paix, fonctionnaire allemand pourtant, mais d'origine alsacienne, convoqua cette famille à son bureau et la supplia, au nom des principes d'humanité, de ne pas dénoncer aux fureurs des officiers prussiens de paisibles citoyens. Il oubliait alors que ses interlocuteurs appartenaient à la race de Bismarck qui dit un jour : « Si j'étais invité à dîner chez des amis et qu'on me servît du gibier après la fermeture de la chasse, je dénoncerais mes hôtes en sortant de table ! » Le juge de paix fut dénoncé et condamné à plusieurs années de réclusion. Sa femme en perdit la raison. Ils sont morts depuis, tous les deux de chagrin.

A l'heure actuelle, les détails de la première campagne d'Alsace sont connus. Tout cela est déjà si loin qu'on peut en parler sans qu'Anastasie n'agite ses grands ciseaux.

Nos troupes sont entrées deux fois à Mulhouse, pour se retirer deux fois également. Nécessité stratégique! J'en conviens! Mais la main sur le cœur, mes chers compatriotes, pensez-vous qu'à cette occasion la situation des Alsaciens fût agréable et leur conduite aisée ? Vous n'avez pas, dites-vous, à vous occuper de ce qu'on pense en Alsace de nos opérations militaires. La guerre n'est pas affaire de sentiment. Fort bien ! Pourquoi, dès lors, exigez-vous des Alsaciens qu'ils s'embarrassent de sentiment au moment même où vous vous en privez ? Que notre seconde entrée à Mulhouse ait été accueillie avec une certaine réserve, nul homme intelligent ne peut s'en étonner. Cette attitude, dictée par le simple bon sens, prouvait, vous l'oubliez trop, la sincérité des premiers enthousiasmes. Mais ces enthousiasmes de la première heure ne suffisaient pas à certains esprits.

Avouez-le franchement, vous pensiez que dès leur apparition en Alsace nos braves allaient voir leur sauter au cou des nuées de fillettes coiffées de grands nœuds noirs ; que des femmes, aux yeux rougis par cinquante ans de larmes, allaient s'écrier : « Enfin ! » avec allégresse, que les hommes prendraient tous des fusils et aideraient nos soldats à traverser le Rhin. Cela, je le répète, c'est du roman-feuilleton et du sentimentalisme de café-concert. La vie, la vie cruelle ne s'accommode pas de cette imagerie d'Epinal. Les vrais Alsaciens, les vieux qui ont traversé la longue période d'épreuve dans une attente sans espoir, les jeunes qui conservent au cœur la tradition sacrée, ont appris depuis longtemps, depuis ce trop long temps *où vous ne sembliez plus tourner vers eux vos regards, à se replier sur eux-mêmes, à concentrer leurs sentiments, à taire leurs espérances.* Vous n'avez pas su deviner la joie qui tremblait sur leurs lèvres closes, l'allégresse qui jaillissait comme une divine lumière de leurs yeux !

Il y a quelques mois, j'eus la visite d'un mes anciens élèves, originaire du Jura, et qui conquit en Alsace ses galons de sergent. Il me conta ses souvenirs et me confla ses impressions. Je fus reçu, me dit-il, comme un parent dans toutes les familles d'Alsace. J'y ai été choyé et gâté. Comme vous aviez raison de nous dire qu'on aime la France là-bas et qu'on ne l'a jamais oubliée. Mais, chose curieuse, les bons Alsaciens ne sont pas exubérants, ils ne répandent pas leur satisfaction en cris inutiles et en démonstrations superflues. C'est si vrai, que je me méfiais d'instinct quand une maison était parée de trop de tricolore et qu'on m'y recevait par trop de : Vive la France !

Paroles profondes et sages d'un petit soldat français et qu'on ne saurait trop recommander aux autorités françaises en Alsace, **à celles d'aujourd'hui** comme à celles de demain ! Mon jeune sergent est mort en héros depuis. J'ai retenu son jugement si juste, et je vous le transmets.

Nous avons, hélas ! en Alsace comme partout, de petites âmes dont l'intérêt guide seul le sentiment. Ils sont, ou ils seront demain, des bons Français comme ils furent hier, avec quelque répugnance peut-être, de bons Allemands. Ils ne manquent ou ne manqueront pas de crier leur patriotisme bien fort, de peur qu'on en puisse douter. Ils auront les fenêtres pleines de drapeaux, et leurs boutonnières de cocardes. Leur gosier s'épuisera en vaines clameurs ! Ils voudront être les premiers à l'honneur après avoir été les derniers à la peine. Se pourrait-il que ce soit cette minorité qui reflète pour vous l'âme loyale de notre vieille Alsace ? Des esprits chagrins prétendent que certaines réalités présentes en autorisent la crainte.

De grâce, demandons aux Alsaciens-Lorrains de venir à nous sans bruit et avec recueillement. Sachons-leur grand gré d'une discrétion, *nécessaire encore*, et qui ne peut nous tromper sur leurs véritables sentiments !

L'hostilité contre les Alsaciens-Lorrains
Une manœuvre boche

Devant la persistance de certains préjugés et de certaines accusations contre les Alsaciens-Lorrains il est permis de se poser la question : ne s'agirait-il pas, en l'espèce, d'une manœuvre boche ? Après tout, pourquoi pas ? N'oublions pas le vieux principe, et cherchons à qui cela profite.

Raisonnons un tant soit peu. Nombreuses furent au début de la guerre les fausses nouvelles à sensation, lancées par nos ennemis pour nous rendre ridicules et pour diminuer le crédit qu'il fallait accorder à nos communiqués. Dès que se commet une infamie doublée d'hypocrisie, on est sûr de ne pas faire fausse route si l'on en cherche l'origine à Berlin

Quel peut être, dans la question qui nous occupe, l'intérêt de l'Allemagne ? Nous allons le voir apparaître nettement.

Nos ennemis ne peuvent plus compter sur une victoire. Le rapide écrasement de la France, sur lequel se fondait leur plan, ne s'est pas réalisé. D'autre part, aucun de nos alliés n'a succombé. Au contraire. La force des Alliés s'accroît dans la mesure où décroît celle des empires centraux. Après trois ans de sacrifices immenses, consentis de part et d'autre sur l'autel de la

Patrie, la balance de la Fortune se tient dans une sorte d'équilibre. Cet équilibre prouve que nous progressons après les pénibles surprises du début ; il signifie aussi que nos ennemis, tout en conservant certains avantages de leurs premières victoires, se trouvent aujourd'hui réduits à une sorte d'impuissance. *Le gouvernement de Berlin a donc le plus grand intérêt à terminer la guerre avant qu'il ne soit trop tard.*

On peut être certain que les Allemands consentiraient sans trop de difficultés à évacuer le territoire français, à rendre la Belgique à son roi et à se contenter du « statu quo ante » pour conclure une paix hâtive avec la France.

Seulement, la grande majorité des Français reste convaincue **qu'une telle paix serait pire qu'une défaite** et que l'écrasement final de notre pays resterait pour les Allemands un idéal que, tôt ou tard, ils réaliseraient. *Pour que la France soit forte dans l'avenir et pour que la puissance allemande soit brisée,* **il faut que nous reprenions l'Alsace et la Lorraine.**

Il le faut ! Il ne s'agit pas de faire plaisir aux Alsaciens-Lorrains, il s'agit de garantir la France contre toute surprise germanique.

Or, en persuadant aux Français que les Alsaciens-Lorrains sont germanisés, qu'ils ne tiennent aucunement à redevenir Français, qu'ils risquent d'être à l'avenir des citoyens douteux pour notre pays, on faciliterait la tâche de certains pacifistes à tout prix, vieux naïfs incorrigibles et impatients, égoïstes dont l'horizon se termine au bout de leur nez et qui se contenteraient, faute de voir au loin, d'une paix dangereuse, voire meurtrière pour la France.

Ces mauvais apôtres d'un germanisme inconscient clameraient partout : que nous importe l'Alsace-Lorraine ! A quoi bon faire tuer plus longtemps nos fils et appauvrir nos familles ? Ces deux provinces ne no apporteront rien qui vaille. Assez de ruines comm cela !

Déjouons cette ruse grossière. Ne soyons pas les jouets de cette race odieuse que déjà nous tenons à merci et qui, après avoir fait pleurer des larmes de sang à tant des nôtres, va tenter dans un suprême effort de nous attendrir par des larmes de crocodile repenti.

L'hostilité contre les Alsaciens - Lorrains, une manœuvre boche ! Si ce n'est qu'une hypothèse, comme elle est vraisemblable !

Si vraiment les Allemands n'y ont pas songé, il faut s'en étonner. Ce fut de leur part un simple oubli. Mais ils ne peuvent alors que se réjouir d'avoir été devancés. Gardons-nous de travailler pour le roi de Prusse. Tout le monde sait que c'est toujours sans profit !

Citons pour finir ces belles paroles du général de Lacroix (discours prononcé en juillet 1916 à l'Ecole alsacienne) :

« Le sang alsacien et le sang français ont toujours coulé ensemble pour la grandeur de la patrie ! Chaque fois qu'il y a pour la France des combats à livrer, ou une épreuve à subir, Alsaciens et Lorrains accourent. Chaque fois des noms nouveaux s'ajoutent au livre d'or de l'Alsace-Lorraine. C'est le capitaine Ilher, de Thann, mort au Maroc ; c'est le lieutenant Fiegenschuh, de Strasbourg, mort dans l'Ouadaï. C'est l'enseigne Pierre Engel, mort dans le naufrage du *Pluviôse*.

» Aujourd'hui, comme hier, nous voyons les vertus militaires de l'Alsace mises au service de la France. En dépit du traité de Francfort, notre drapeau est resté le leur. En ce moment, combattent dans nos rangs des milliers d'Alsaciens. Avec quelle joie infinie ils ont vu tomber le poteau-frontière qui séparait leur terre natale de la patrie française, *leur patrie*.

» Honneur aux engagés Alsaciens-Lorrains ! Votre école a donné l'hospitalité à beaucoup d'entre eux, au début de la guerre. Ils sont tous vos frères, mes jeunes amis, et vos frères doublement aimés, puisqu'ils comptent parmi les libérateurs de la France. L'heure s'avance ; la victoire attendue, certaine, libérera l'Alsace-Lorraine, libérera la France, libérera la civilisation entière. Dans la France de demain, l'Alsace aura la place à laquelle elle a droit. Elle apportera à notre armée, comme à toutes les organisations françaises, ses qualités de patience, de labeur, de ténacité, de discipline, de vaillance et de sang-froid. Depuis quarante-cinq ans, la France était mutilée. Elle va enfin se retrouver entière avec des forces renouvelées et un équilibre à jamais rétabli. »

Ai-je réussi à vous convaincre. mes chers compatriotes ?

En jugeant les Alsaciens, n'oubliez pas l'amour et la fidélité dont ils. ont donné tant de preuves. N'oubliez pas surtout tant de souffrances noblement supportées pour la France, depuis le début de cette malheureuse guerre. Des quantités de villages, jadis florissants et riches, où les jours passaient après les jours, heureux et calmes, gisent aujourd'hui sur le sol, ruinés, dévastés, brûlés. Les habitants errent misérables et tristes, soumis à toutes les souffrances que la misère entraîne, exposés aux méfiances et aux suspicions des nôtres, exposés aux représailles allemandes. Autour d'eux, c'est l'œuvre de mort qui ne chôme pas. Dans leur âme, c'est la terreur des lendemains possibles. Que ceux qui reprochent à certains de ces malheureux de manquer d'enthousiasme veuillent bien songer aux châtiments impitoyables auxquels ils seraient exposés, si jamais les barbares reprenaient ces villages. La guerre a ses avances et ses reculs et tout est possible avant la victoire, en laquelle nous croyons comme à une certitude.

Quelle est donc l'attitude que vous dictent et le cœur et la raison ?

Ouvrez vos bras généreusement, accueillez de grand

cœur ceux qui vous cherchent depuis plus de quarante ans, accueillez-les même si l'image que vous vous faisiez d'eux était plus belle et plus séduisante que la réalité. C'est un beau rêve qui se réalise enfin ! Songez qu'ils sont les fils de ceux qui furent jadis vos frères sur tous les champs de bataille et de gloire. Accueillez-les parce qu'ils furent, en une heure sombre de la France, la rançon de votre bonheur et de votre tranquillité. Soyez-leur fraternels malgré tout ce qui peut vous déplaire en eux, car vous vous direz : *c'est notre faute s'ils ont changé ! Nous ne les avons pas assez aimés !* Gagnez-les à votre âme, parce qu'ils vous aideront bientôt à faire plus grande, plus heureuse, plus fraternelle, cette France magnifique, si belle dans l'épreuve, si grande dans la douleur et qui resplendira demain d'une beauté nouvelle et impérissable !

Besançon, 1917.

Besançon, imprimerie Millot frères

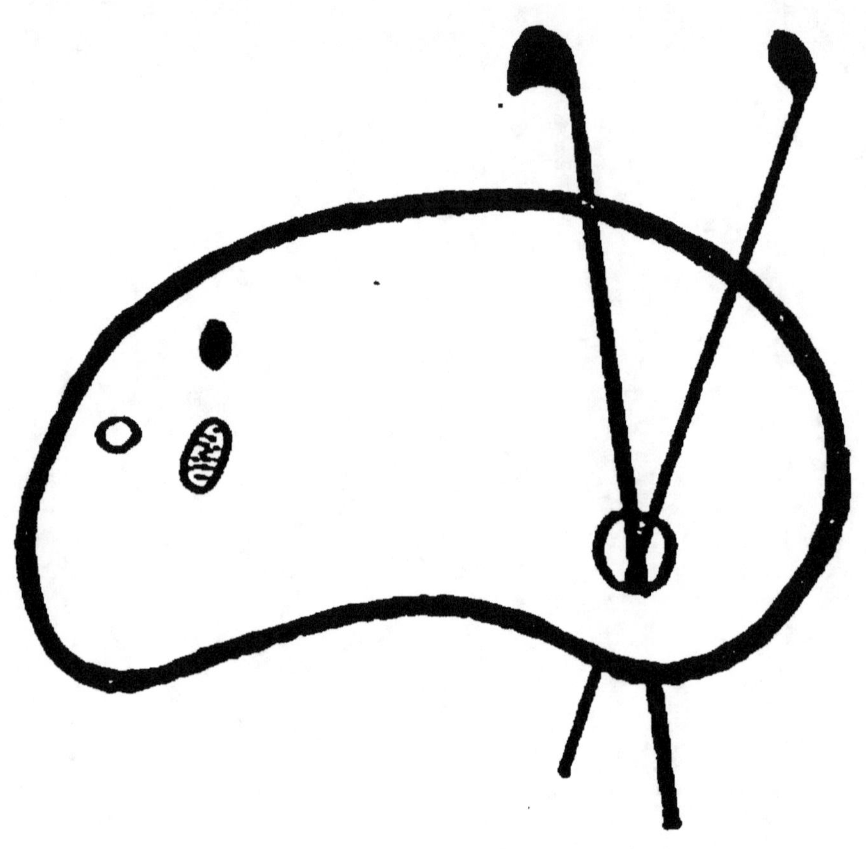

ORIGINAL EN COULEUR

NF Z 43-120-8